SIÉGE DU FORT

DE MONZON,

EN ARRAGON.

SIÉGE DU FORT

DE MONZON,

EN ARRAGON,

Du 27 Septembre 1813 au 14 Février 1814.

METZ.

S. LAMORT, IMPRIMEUR.

1829.

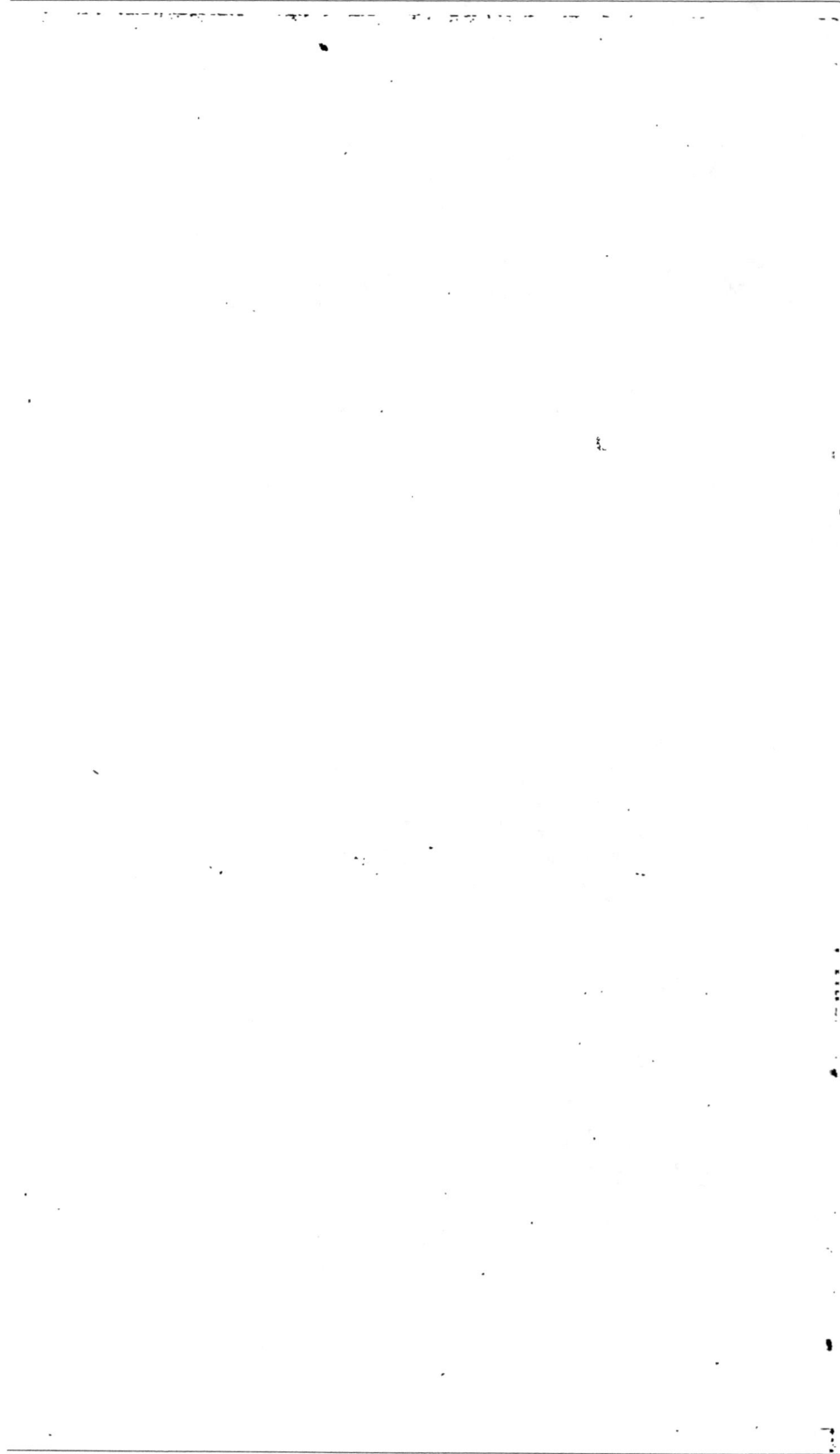

PERSONNEL

ET COMPOSITION DE LA GARNISON.

ÉTAT-MAJOR,

MM. J. M. BOUTAN, Capitaine au 81ᵉ Régiment d'infanterie, Commandant.

LACHAPELLE, Chirurgien aide-major.

Sᴛ.-JACQUES, Garde du Génie.

TROUPE,

0ᵉ Compagnie du 12ᵉ Escadron de Gendarmerie,	Officiers 2
	Gendarmes à pied 30

Un Caporal et quatre Canonniers de la 6ᵉ Compagnie du 6ᵉ Régiment d'Artillerie à pied.

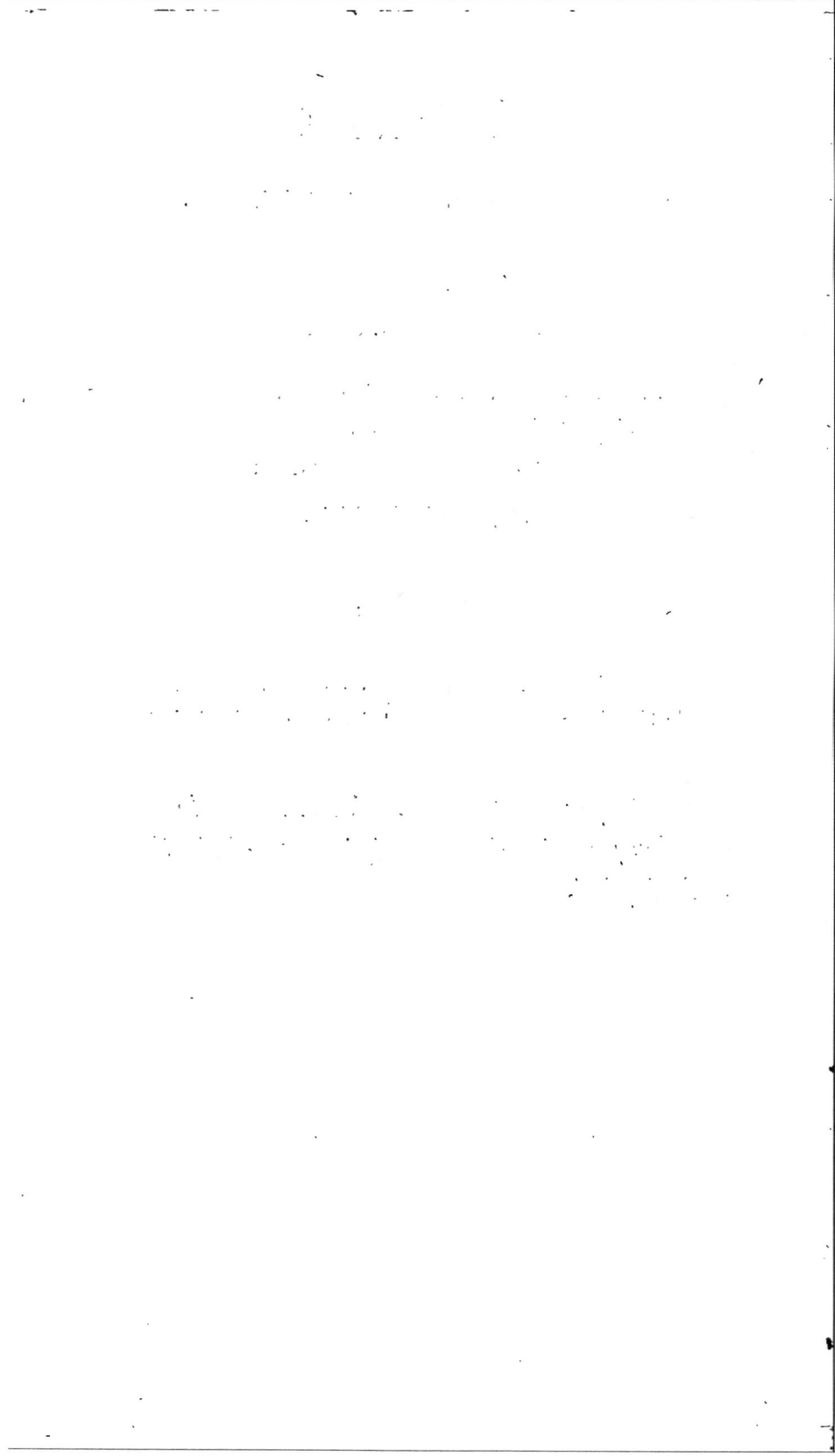

AVANT-PROPOS.

Tous les siéges ne peuvent pas prétendre à l'honneur d'occuper une place dans les fastes de l'histoire. Ses annales sont ordinairement réservées pour ces siéges fameux qui ont préparé les invasions et la défense des états, et exercé une influence notable sur les cours et les résultats généraux des différentes guerres ; ou bien encore, pour ceux qui, féconds en utiles leçons, ont signalé de grands progrès dans l'attaque ou dans la défense des places ; ou de grandes fautes, ou de grands malheurs, exemples mémorables de la manière dont la fortune se joue parfois des combinaisons les plus sagement conçues.

Mais les plus grandes machines ne sont pas les seules qui méritent l'attention de l'observateur. Il en est plusieurs qui, pour n'avoir que des rouages des plus simples, n'en offrent pas moins des exemples intéressans, de ce que le génie de l'homme peut créer, et de l'usage qu'il en peut faire.

Le siége peu connu dont on offre ici la relation, présente ce genre d'intérêt.

Ce n'est, ni comme événement important par lui-même, ni comme se rattachant à d'importans résultats qu'on croit devoir chercher à le sauver de l'oubli. C'est au contraire parce qu'il a été soutenu avec des moyens très-exigus, qu'on le croit digne de fixer un instant l'attention. C'est sur-tout à raison de la rare industrie que l'on a été dans le cas d'y déployer pour satisfaire aux nombreux besoins que chaque jour voyait éclore, qu'il paraît mériter d'être connu, particulièrement des jeunes militaires qui appartiennent au corps du Génie.

Une compagnie de Gendarmerie se trouve, par un hasard assez bizarre, enfermée seule dans un petit fort de l'Arragon et obligée de s'y défendre.

Dans son inexpérience de la guerre de siége, elle n'a pour conseil et pour guide qu'un simple garde du Génie. Mais bientôt animée et électrisée par les traits d'imagination et de courage de cet homme intrépide et sur-tout par son ton d'assurance, elle aborde, sans hésiter, tous les travaux, affronte tous les dangers, et exécute avec succès toutes les chicanes d'un siége.

On ne sait ce que l'on doit le plus admirer dans cette défense, ou de la manière dont un employé d'un grade aussi subalterne sut gagner la confiance la plus entière d'une garnison à qui il était permis de se défier d'elle-même, dans une espèce de guerre avec laquelle elle devait être si peu familiarisée, ou de la judicieuse déférence que le commandant du fort, et les deux autres officiers de la garnison eurent pour ses avis et ses lumières, ou du dévouement sans bornes avec lequel ces braves Gendarmes se portèrent à faire tous les métiers que réclamait la défense dont ils étaient chargés, quelqu'étrangers que fussent ces métiers au service spécial qu'ils avaient eu à remplir jusqu'alors.

Tous ceux qui ont fait partie de cette brave garnison ont bien le droit de revendiquer leur part dans la gloire qui résulte d'un aussi beau fait d'armes. Mais la plus grande partie en appartient sans contredit au garde du Génie. Ce fut lui qui (*comme le conseil de défense le reconnaît lui-même dans l'honorable certificat qu'il lui en a donné, et dont copie est ci-après à la suite du journal du siége*) fut l'ame de cette belle défense.

Dans le très-court espace de temps qui s'était écoulé depuis qu'il était entré dans les troupes du Génie en qualité de simple mineur, cet employé avait eu à peine le temps d'apprendre la pratique du service des mines. Mais il avait assisté à toutes les opérations du siége de Sarragosse.

Il n'y a pas de doute que les souvenirs qu'il en conserva dûrent lui être d'un grand secours, et que c'est à la sagacité avec laquelle il les utilisa que la défense qu'il dirigeait, dut la supériorité constante qu'elle eut sur l'attaque. Il a fallu une bien rare intelligence, pour suppléer ainsi à toutes les connaissances théoriques et pratiques qui lui manquaient. Il y aurait beaucoup moins de quoi s'étonner de la part qu'il eut dans cette défense, si, comme les Sous-

Officiers actuels des Régimens du Génie, il eût eu le temps d'approfondir dans une école régimentaire, toute l'instruction qui y est mise à leur portée, et que le corps du Génie leur y prodigue. Au lieu de cela, c'est lui, tout novice qu'il est, qui va leur donner des leçons, et leur montrer tout ce qu'un homme de cœur est capable de faire lorsqu'il réunit de l'intelligence à de la bravoure.

C'est principalement dans la vue de mettre ce bel exemple sous les yeux de ces jeunes militaires, que l'on a cherché à recueillir tous les documens qui se rattachent à la défense de Monzon. On ne connaît aucun fait de ce genre plus digne de leur être offert comme le modèle le plus complet de tout ce que l'on est en droit d'attendre d'eux pour le bien du service du Roi et la gloire de ses armes. Il serait d'ailleurs difficile d'en citer un qui leur fît mieux comprendre comment les événemens de la guerre peuvent les amener à remplir des rôles très-importans et souvent bien au-dessus de leurs fonctions habituelles.

Puissent-ils, lorsqu'ils se trouveront dans de semblables circonstances, être assez heureux pour trouver partout des coopérateurs pareils à ceux qui prirent part à la défense de Monzon.

NOTICE
SUR MONZON.

———◆———

Monzon est une petite ville de l'Arragon, de 3ooo ames environ de population. Elle est située sur la rive gauche de la Cinca, sur la route la plus courte qui conduit de Sarragosse à Lérida. On y passe la Cinca sur un bac.

Mais comme cette rivière est extrèmement torrentueuse, et qu'elle est sujette à des débordemens considérables, cette communication est souvent interrompue. Alors elle s'établit par Fraga où l'on passe la Cinca sur un pont de bois que les Espagnols détruisirent en 18o9, et que les Français rétablirent depuis, à l'époque du siége de Tortose.

La ville de Monzon est dominée par un plateau que des ravins escarpés et assez profonds partagent en plusieurs parties.

C'est sur la partie de ce plateau, qui est immédiatement au-dessus de la ville, qu'est établi le château. C'est un carré long,

irrégulier, dont la longueur est d'environ
150,^{m}oo sur 50,^{m}oo de large. Ses escarpes
sont revêtues en maçonnerie : elles sont en
assez bon état, et ont régulièrement de 8 à
10,^{m}o de hauteur. Elles sont fondées immédiatement sur le rocher qui est en outre taillé
à pic, de plusieurs mètres en contre-bas de
la première assise de maçonnerie.

Le mur d'appui qui couronne les escarpes
est partout percé d'une grande quantité
d'embrasures.

La plate-forme supérieure du château est
d'environ 80,^{m}oo au-dessus de la vallée où
coule la Cinca.

Dans l'intérieur du château se trouvent
tous les établissemens militaires nécessaires
pour loger une garnison de 250 hommes, et
l'y laisser abandonnée à elle-même pendant
quelques mois ; savoir :

Un pavillon pour loger le Commandant ;
Une caserne pour la troupe ;
Un pavillon pour les Officiers ;
Un magasin à poudre ;
Deux magasins pour les vivres ;
Deux citernes.

On communique de la ville au château
par une rampe praticable aux voitures et

bien pavée. Cette communication est défen-
due par des batteries construites en maçonnerie, et bien fermées.

Le ravin qui sépare le château du reste du
plateau peut avoir 3,^{m}oo environ de profondeur sur une largeur de 10 à 12,^{m}oo dans la
partie la plus étroite. Il semble avoir été
pratiqué dans l'intention d'isoler le château :
mais il n'est point flanqué, et on trouve dans
plusieurs endroits de son escarpement, sous
les bancs des rochers, des excavations à l'aide
desquelles on peut facilement s'établir à
70,^{m}oo du pied des escarpes, et y être par-
faitement à couvert des feux du château.

Le reste du plateau, qui en est la partie
la plus considérable, s'appelle le plateau de
la poudrière ; à l'extrémité de ce plateau qui
domine la ville, se trouvent les ruines de ce
que l'on appelle le *Vieux fort*, dont il est
séparé par un fossé peu profond, et tellement
déformé, qu'il n'offre aucun moyen de défense.

On communique du château aux ruines
du *Vieux fort* par une poterne et une communication à ciel ouvert, l'une et l'autre en
assez bon état.

2*

PRÉCIS

DES ÉVÉNEMENS QUI ONT PRÉCÉDÉ LE SIÉGE DE MONZON.

Aussitôt après le siége de Sarragosse (Février, 1809), l'Armée d'Arragon envoya une forte reconnaissance sur Monzon. Cette reconnaissance trouva le château inoccupé et y laissa une garnison.

Quelque temps après les Espagnols de la Catalogne paraissant s'y porter en forces, la garnison française évacua à son tour sans attendre l'ennemi.

Monzon resta alors également négligé par les deux partis jusqu'en 1810, qu'au retour d'une incursion faite au commencement de mars, dans le royaume de Valence avec une partie du 3e Corps, le général en chef de l'armée d'Arragon, Comte Suchet, trouva, en arrivant à Sarragosse, l'ordre d'aller mettre le siége devant Lérida.

Il devint dès-lors nécessaire d'occuper le château de Monzon, afin d'assurer les communications de l'armée qui allait faire ce siége avec Sarragosse et le reste de l'Arragon. On y mit en conséquence une garnison d'environ 200 hommes avec quelques canonniers.

Ce fut alors que le nommé *St.-Jacques*, simple mineur à la 4e compagnie du 2e bataillon de mineurs, y fut placé en qualité de Garde du Génie provisoire.

Ce château continua à rester ainsi occupé jusqu'en 1813, que l'armée d'Arragon, après avoir évacué le royaume de Valence, continua son mouvement de retraite sur les Pyrénées, en laissant des garnisons plus ou moins considérables dans les différentes places de la Catalogne.

Celle du château de Monzon se trouva ne pas aller à 100 hommes, officiers compris.

Dès que cette faible garnison vit qu'elle allait être cernée, elle s'occupa avec activité de ses arrangemens intérieurs. Les officiers se répartirent entre eux la surveillance des différentes parties du service.

On chargea le garde du génie *St.-Jacques*, de la direction des travaux de défense, et en outre, de la distribution des vivres et de la surveillance des subsistances.

On institua un conseil militaire de défense

sous la présidence du Commandant. Il était composé de la manière suivante :

MM. Provins, Couvetz, *Lieutenans de Gendarmerie.*

Querquy, Chatenet, *Maréchaux-de-logis ;*

Moncoq, *Brigadier,*

Blanconnet, Pique, *Gendarmes.*

DÉTAILS DU SIÉGE.

Les documens que l'on est parvenu à recueillir sur la défense de Monzon, se composent, 1°, de quelques notes fournies par le garde du Génie *St.-Jacques ;* 2° d'un croquis assez informe, également fourni par lui, tant du château que des travaux d'attaque et de défense ; 3° du journal du siége ; 4° de deux certificats relatifs à la part que ce garde du Génie prit aux opérations de ce siége.

NOTES FOURNIES PAR LE GARDE DU GÉNIE St.-JACQUES

Ces notes ont été rédigées de mémoire,

depuis le retour en France de ce garde. Elles
sont principalement relatives aux mesures
qu'il fut dans le cas de prendre dans sa dou-
ble qualité d'administrateur des vivres et de
directeur des travaux défensifs. On y verra
toutes les ressources qu'il sut tirer de son
propre fond. On croirait nuire à l'intérêt
avec lequel elles ne peuvent manquer d'être
lues, si on y changeait la moindre expres-
sion. Il est évident, d'après ces notes, que
ce brave homme n'était pas fort sur la langue
française. (1). Mais le Journal du siége prouve
qu'il n'en savait pas moins bien se battre *en
très-bon Français.* On y voit à chaque page,
qu'au talent de bien concevoir un plan, il
joignait celui de l'exécuter encore mieux.

« Le premier jour du siége, dit-il dans
» ces notes, aussitôt que j'ai aperçu l'ennemi,
» j'ai fait entrer dans le château quatre bœufs
» de la ville pour les malades et les blessés
» pendant le siége, et de plus une douzaine
» de sacs de sucre qui nous a servi pour faire
» de la boisson pendant les derniers jours
» du siége.

(1) Il est né Piémontais et n'a pas pu obtenir d'être
naturalisé français sans payer ses lettres de naturali-
sation.

» Une fois que le vin et l'eau-de-vie nous
» eut manqué, notre boisson était composée
» d'eau, de vinaigre et de sucre, le tout
» bouilli ensemble.

» J'avais imaginé cette boisson afin d'em-
» pêcher que la garnison tombât malade par
» la fatigue.

» Mais nous n'avons été réduits à cette
» boisson que dans les quinze derniers jours.
» J'avais réglé la ration de sucre à quatre
» onces par homme et par jour, non compris
» les mineurs que je les faisais vivre à dis-
» crétion.

» J'ai réglé, pendant toute la durée du
» siége, la ration d'eau à raison de 25 bou -
» teilles par jour pour 15 hommes, non com-
» pris les mineurs.

» Vers la fin de la première quinzaine
» du siége, j'ai fait connaître à M. le Com-
» mandant et aux deux officiers de Gen-
» darmerie, qu'il était nécessaire que leurs
« chevaux fussent tués pour ménager l'eau.
» Ils m'en ont demandé une déclaration par
» écrit : je ne la leur ai pas refusée. Le même
» jour, les chevaux ont été tués. Ils ont été
» remboursés à Toulouse d'après les ordres
» de Mr. le Maréchal Duc d'ALBUFÉRA.

» Au commencement du siége, je ne me
» suis trouvé dans le fort qu'avec quatre
» pelles, deux marteaux de maçon, deux
» scies, trois haches et trois pioches.

« Je n'avais ni chandelles, ni panier pour
» les mines.

» Je n'avais ni enclume, ni charbon, pour
» réparer les outils.

» Lorsque je m'aperçus que l'ennemi pa-
» raissait dans l'intention de nous attaquer
« par les mines, je demandai dans la gar-
» nison les hommes de bonne volonté pour
» travailler avec moi comme mineurs.

» Il se présenta douze gendarmes, le ca-
» poral d'Artillerie et deux canonniers pour
» les momens où ils ne seraient pas de ser--
» vice à leurs batteries.

» Dès que l'ennemi eut commencé ses tra-
» vaux de mine, je suis été obligé de faire
» tuer les bœufs pour avoir la graisse pour
» faire des chandelles pour les contremi-
» nes. Ces chandelles furent fabriquées par
« un gendarme.

» J'avais désigné un canonnier, qui était
» forgeron, pour les réparations des outils,
» lequel se servait d'une bombe pour en-
» clume, et d'une peau de bouc pour souf-
» flet.

» J'ai fait faire du charbon pour les ré-
» parations des outils avec du bois de l'ap-
» provisionnement.

» Les deux premières mines que j'ai pri-
» ses à l'ennemi m'ont procuré des pioches,
» trois marteaux de maçon, quatre pelles
» et dix paniers à terre.

» Il arrivait souvent que je me servais
» de toute la garnison nuit et jour, pour
» protéger les mineurs et autres attaques.
» Alors je faisais travailler les femmes de
» la garnison à déblayer les terres des con-
» tremines.

» Le reste du temps, c'était elles qui
» étaient chargées de faire le pain. Je leur
» faisais aussi démolir les cartouches d'in-
» fanterie qu'il fallait défaire pour avoir la
» poudre nécessaire pour les contremines.

» Dans la nuit du 5 au 6 décembre 1813,
» l'ennemi s'est porté au pied du fort avec
» des échelles pour monter à l'assaut. J'ai
» préparé sur les parapets des pièces de bois
« et des tas de pierres provenant de la dé-
» molition du couvent de la Trinité, que
» j'avais fait entrer d'avance dans le fort,
» lesquelles nous ont bien servi dans cette
» occasion, attendu que nous n'avions que

» la peine de les pousser sur l'ennemi, pierres,
» grenades et obus à la main.

» Cette attaque n'est pas sur le journal
» du siége. Il y a bien d'autres choses qu$_i$
» ont été oubliées d'y mettre, nous avion$_s$
» une si grande quantité de travaux à faire
» à la fois que nous n'avons pas toujours
» eu le temps de tout écrire.

» J'avais fait faire d'avance cinquante
» frondes pour lancer des pierres, et même
» plusieurs militaires ont lancé avec leur
» fronde des grenades, ce qui a bien réussi.

» Nous avions encore beaucoup de vivres
» que nous avons laissés à la remise du fort,
» excepté le vin et l'eau-de-vie qui nous
» manquaient depuis une quinzaine de jours.

JOURNAL DU SIÉGE.

La minute de ce journal a été adressée
à Son Excellence le Ministre de la guerre
au mois de juillet 1819, par M. le capitaine BOUTAN, commandant du fort. Le plan
croquis qui se trouve à la fin de cette
relation a été rédigé d'après le croquis
assez informe, dessiné de mémoire par le
du garde Génie, et communiqué par lui.

3

Malgré les difficultés qu'il pouvait y avoir à mettre d'accord un journal et un croquis, rédigés à une si grande distance l'un de l'autre, on peut regarder le journal que l'on va lire comme une copie littérale de celui qui a été remis au Ministre.

Les seuls changemens que l'on y ait apportés se bornent à quelques phrases que l'on y a remises à la place qu'elles auraient dû occuper, d'après l'ordre des dates, et aux indications indispensables pour l'intelligence du plan.

Copie *du rapport fait au Ministre de la guerre par* M. Boutan, *Capitaine, Commandant le fort de Monzon.*

ARMÉE D'ESPAGNE.

Journal *du siége du fort de Monzon en Arragon, depuis le 27 septembre 1813 jusqu'au 14 février 1814.*

Le 27 septembre 1813, l'ennemi vient camper sur le plateau, dit de la Fontaine, à 900 toises du château. La nuit suivante il prend position dans la ville.

Le 28, à six heures du matin, l'ennemi attaque nos avant-postes. Nous voulons le repousser de ses positions; mais il est en force, et nous sommes obligés de nous retirer. Nous nous sommes maintenus dans les ruines du vieux fort, jusqu'au 10 octobre.

Le 10 octobre, l'ennemi commence une batterie (A) (1) sur la pointe du plateau de la poudrière à 300 toises du château.

Le 11, l'ennemi commence le siége à six heures du matin par un feu très-vif de sa batterie, qui est armée d'une pièce de 12 et d'un obusier de 6 pouces. Nous ripos-

(1) Cette batterie tombe hors du cadre du plan.

tons à l'ennemi avec deux pièces de 8 et un obusier de 6 pouces. Le feu dure avec la même vivacité jusqu'au soir ; nous détruisons plusieurs militaires de l'ennemi, et démolissons sa batterie.

Le 12, l'ennemi vient en parlementaire faire proposition si on voulait se rendre. On lui fait réponse que non.

Le 13, le garde du Génie *St. - Jacques* s'aperçoit que l'ennemi, profitant de l'escarpement du ravin qui sépare le château du plateau de la poudrière, commence une mine (a) du côté du vieux fort.

Le 16, le garde du Génie réunit tous les outils qui sont dans le château, et entreprend la communication (D) qui conduit de la poterne au vieux fort, une contremine (b), avec dix gendarmes faisant fonctions de mineurs et un canonnier.

Le 21 octobre, les Espagnols commencent une batterie (C) sur la pointe du vieux fort.

Le 23, nous envoyons plusieurs obus à l'ennemi. Le canonnier Ogliero est blessé.

Le 26, l'ennemi démasque, à six heures du matin, le feu de sa batterie (C). Elle

(a) Cette batterie tombe hors du cadre du plan.

est armée d'une pièce de 16, deux pièces de 12, et d'un obusier de 6 pouces. Nous lui ripostons avec deux pièces de 8. A huit heures du matin, une pièce de 12 de l'ennemi est démontée. Leur batterie est en partie démolie : plusieurs de ses canonniers sont tués et blessés.

Le même jour, le garde du Génie s'aperçoit que l'assiégeant a une seconde mine (c), qui ainsi que la première (a) est dirigée contre le fort. L'entrée en est à 15 pieds environ de distance de la première. Il se décide, d'après cela, à diriger sa contremine, de manière à se trouver entre les deux mines de l'ennemi.

Le 28, le garde du Génie jugeant que son rameau (b) est assez avancé pour atteindre et détruire les mines de l'ennemi, fait charger un fourneau (c'est celui qui est coté au plan sous le n° 1).

La mine étant chargée, le Commandant du fort envoie un parlementaire voir si l'ennemi veut suspendre ses travaux. On fait répondre que chacun se défende.

Quoique la contremine soit chargée, le garde du Génie a soin de continuer à faire piocher pour que l'ennemi n'ait pas con-

3*

naissance que la contremine est chargée

Le 29 octobre, le garde du Génie propose au Commandant du fort de faire une fausse attaque, et de battre ensuite en retraite pour attirer l'ennemi sur la contremine qui est chargée.

Le Commandant fait exécuter les intentions du garde du Génie, et à l'instant où l'ennemi est en foule sur la contremine (vers onze heures du soir environ), le garde du Génie y met le feu et la fait sauter. Son explosion détruit les deux mines de l'ennemi, et beaucoup de militaires et de paysans ont péri dans les mines et au-dessus.

Le 2 novembre, le garde du Génie s'aperçoit que l'ennemi travaille à deux nouvelles mines (d et f). Il juge que la première est beaucoup avancée du mur du fort. Il débouche en conséquence de la grande communication (D) fait quelques mètres de tranchée et entreprend une nouvelle contremine (e) pour aller à la rencontre de l'ennemi et s'emparer de vive force de sa nouvelle mine. Mais lorsqu'il est à peu près à 50 ou 60 pieds, la nature du terrain l'oblige à renoncer à la prendre à l'assaut. Il se décide alors à la faire sauter. En conséquence il fait préparer de suite , et charger un fourneau (c'est celui qui est coté au plan sous le n° 2).

Le 25, à deux heures du soir, on donne le feu à ce fourneau. L'explosion de cette mine est si considérable qu'elle détruit la mine de l'ennemi, et les mineurs et paysans ont péri dans leur mine.

Le 26 novembre, nous creusons dans la tranchée ouverte précédemment, un puits (g) de 16 pieds de profondeur pour aller contre l'autre mine de l'ennemi à laquelle il travaille depuis 25 jours.

Le 3 décembre, à 2 heures après midi, nous sommes entrés dans la mine de l'ennemi (f) par notre contremine (g) à force d'obus, de grenades à main et de coups de fusil.

L'ennemi a voulu faire beaucoup de résistance , de manière que le feu a été très-vif pendant deux heures. Cinq mineurs, plusieurs grenadiers et paysans y ont été tués. Nous y avons trouvé plusieurs outils dont nous nous sommes emparés.

Le même jour, nous nous sommes emparés de 60 pieds de long de la mine de l'ennemi (f) et des trois rameaux (h, i et k).

Ces rameaux n'étaient pas à plus de 40 pieds du mur du fort. Le garde du Génie et le sieur Hivert, canonnier, étant entrés dans la mine de l'ennemi, ces braves militaires, malgré qu'ils y fussent seuls, allumaient leurs obus et grenades à main, avec le seul moyen d'une chandelle, et sont parvenus à chasser l'ennemi, malgré la fusillade des grenadiers de l'ennemi dans leur mine.

La nuit du 4 au 5, la garde du Génie s'étant aperçu que l'ennemi avait commencé plusieurs autres mines (l, m, n) fait prolonger la tranchée de quelques pieds, ouvre un nouveau puits (o) de huit pieds de profondeur, et fait commencer un rameau pour rencontrer l'ennemi.

Le 9 décembre, le garde du Génie s'aperçoit que l'ennemi fait commencer une autre mine (p) sur la pointe qui est du côté de la ville que l'on appelle la place St.-Jean, et qu'il la dirige sous la batterie des pièces de 8, et sous la caserne et la grande citerne. Le garde du Génie fait de suite creuser dans la cave du Commandant du fort un puits (q) pour rencontrer cette nouvelle mine de l'ennemi au moyen du rameau (r).

Le 15 décembre, à quatre heures du soir, notre rameau du puits rencontre une mine de l'ennemi (s). Ne nous voyant pas en force de résister hors du fort pendant la nuit, et obligé d'abandonner la mine de l'ennemi, et de se retirer dans le fort jusqu'au lendemin matin, avant de partir, le garde du Génie fait remplir par le caporal d'artillerie un obus de 5 onces de soufre et la jette dans la mine pour empêcher l'ennemi de travailler pendant la nuit ; et pour que l'odeur du soufre reste dans la mine et empêche l'ennemi d'y rentrer, il en fit bien boucher l'entrée.

Le 16 décembre, le garde du Génie descend du fort avec ses mineurs, la garnison sous les armes et sur les remparts pour les protéger. Il rentre dans la mine (s) éventée la veille, et y continue ses travaux d'attaque, et ne tarde pas à rencontrer la communication des trois mines de l'ennemi (l, m, n). A dix heures du matin, ils rencontrèrent l'ennemi qui était retranché dans la communication commune à ses trois mines. Ils le repoussèrent de ses retranchemens, prirent les bayonnettes qui sortaient des créneaux en sacs-à-terre et arrachèrent les sacs et les étançons en bois. Ils se rendirent maîtres des trois mines (t, u, v) à force d'obus et de grenades à main, et poursuivirent l'ennemi jusques dehors de ses mines. Le feu a duré pendant quatre heures dans les soûterrains. Pendant ce temps nous avons continué la tranchée (D) pour occuper le terrain au-dessus des rameaux (s, t, u, v) et les isoler des trois mines (l, m, n), et malgré le feu de l'artillerie et de la mousqueterie de l'ennemi, nous sommes parvenus à couper à la sappe le dessus des rameaux et en empêcher l'entrée à l'ennemi en y faisant tomber les terres. Les mineurs de l'ennemi auxquels nous avons par là coupé la retraite, ont été enterrés sous les ruines de leur mine, ainsi que les soldats et les paysans.

Dans cette action, le garde du Génie a été blessé à la tête d'un éclat d'obus.

Un gendarme sur le rempart a eu la cuisse emportée d'un boulet de canon, et en est mort.

A côté de lui, le caporal d'artillerie a été atteint au bras droit d'une balle de fusil.

Nous avons rencontré dans les mines, et pris beaucoup d'outils, de sacs-à-terre et de paniers à transporter les terres dont nous manquions entièrement et qui nous ont bien servi.

Nous nous sommes de suite occupés à dé-truire et à barricader avec des pièces de bois de sapin, les mines (l, m, n). Mais le garde du Génie en a conservé différentes parties du côté du fort pour en faire usage au besoin.

Distances auxquelles les quatre rameaux pris à l'ennemi le 16 décembre, se trouvaient du pied du mur du fort.

Rameau (s)	9 pieds.
Rameau (t)	25 pieds.
Rameau (u)	45 pieds.
Rameau (v)	de 25 à 30 pieds.

Le garde du Génie fait une communi-cation (x) de la cave du commandant du fort à ces mines et rameaux.

Notre rameau (r) avait rencontré à 9 pieds du rempart une mine ennemie (y) qui nous embarrassait beaucoup pour continuer à marcher sur la mine ennemie (p).

Le Garde du Génie fit alors commencer un second rameau (z) sur la gauche, à 25 pieds de l'autre, et y fit charger le fourneau coté au plan sous le n⁰ 3.

Pendant que l'on chargeait le fourneau (1), le Garde du Génie fit toujours continuer à piocher pour entretenir les mineurs de l'ennemi dans leur mine. A onze heures du matin, il y fait mettre le feu. L'explosion a été si forte qu'elle a formé un entonnoir considérable, et a détruit une grande longueur de la mine (y) de l'ennemi, et leurs mineurs y ont péri.

Après cette explosion le Garde du Génie fait continuer le rameau (r), le 9 janvier le Garde du Génie avec le canonnier Hivert, sortent du fort à onze heures du soir avec deux obus et six grenades à main et une mèche allumée dans un tuyau de fer-blanc. S'étant approchés à petit bruit d'un respirail (a) qu'il y avait à la mine ennemie (p), à demi-portée de pistolet du poste qui était de garde à cette mine, ils allument leurs obus et grenades, et les lancent dans le respirail et y tuent plusieurs grenadiers qui étaient couchés dans la mine pour se garder du froid.

---

(1) Nous avons été obligés de démolir 10,000 cartouches pour compléter la charge de cette mine.

Le 12 janvier, nous avons rencontré la mine (p) que l'ennemi dirigeait sous la batterie des pièces de 8. Nous l'avons percée avec deux grands pétards (b et c) qui ont renversé les mineurs de l'ennemi. Le même jour nous avons démoli 96 pieds de cette mine, malgré le feu des batteries et le feu de cinquante grenadiers qui gardaient cette mine dans le souterrain et dehors.

Le lendemain, nous sommes descendus et avons démoli le restant de 50 pieds.

Le 15 janvier, le garde du Génie s'aperçoit que l'ennemi a commencé un boyau (W) qui débouche d'une rue de la ville ; que ce boyau passe à travers les ruines du couvent de la Trinité, et se dirige sur la première porte du fort ; et qu'il a même commencé tout près de la première barrière une nouvelle mine (d) qu'il dirige sous le magasin à poudre.

Le 20 janvier, l'ennemi commence une nouvelle mine (e) pour aller sous le magasin aux vivres. Le Garde du Génie fait aussitôt creuser dans la grande communication (D) un puits de 17 pieds de profondeur, et fait commencer un rameau (f) pour rencontrer cette nouvelle mine.

4

Du 20 au 22 janvier, l'ennemi établit une parallèle YY, qui va de la première barrière à l'angle de l'avancée, et il commence une nouvelle mine (*h*) à 5o pieds de distance de celle qui est cotée *d*.

Le 25, il en commence une troisième (*i*) qu'il dirige sous l'avancée et la batterie basse.

Le 2 février, le Garde du Génie fait charger plusieurs obus et grenades à main. Il fait renforcer le poste de l'avancée, et fait faire un trou dans le mur de l'avancée pour descendre dans le fossé (*g*) ; il fait en même temps préparer une petite échelle, pour monter le mur du fossé (*g*), à l'extrémité de la tranchée ennemie qui s'étend depuis la première barrière jusqu'à l'angle de l'avancée, et que l'ennemi n'a établie que pour faire déboucher de là ses trois mines (*d, h, i*).

Ces préparatifs se trouvent terminés vers les deux heures d'après-midi. Alors le garde du Génie, deux canonniers et quatre gendarmes, faisant fonctions de mineurs, font une sortie par le fossé (*g*) de l'avancée. Après avoir monté la petite échelle, et être entrés dans la tranchée ennemie YY, ils se cachent derrière un tas de terres que l'ennemi avait sorties de ses mines.

Un moment après, une partie des mineurs et grenadiers ennemis étant dans la tranchée couchés au soleil, ils allument leurs obus et grenades à main, les lancent dans la tranchée, et s'y étant précipités à la bayonnette, ils s'emparent des trois mines que l'ennemi a été forcé d'abandonner malgré le feu de la batterie (C) qui est sur la pointe *du Vieux fort*. Deux déserteurs français au service de l'ennemi, un prêtre, et plusieurs grenadiers et paysans ont été, dans cette attaque, tués ou blessés.

Ces mines étaient gardées par 25 grenadiers.

Nous y avons pris plusieurs outils.

Le 14 février nous sommes entrés dans la mine (*e*). Le combat souterrain y a duré une heure, à la suite duquel nous avons chassé l'ennemi de sa mine. Il y a perdu trois de ses mineurs qui y ont été tués.

Le 18 février, l'ennemi est venu en parlementaire pour nous déclarer de nous rendre prisonniers, et que Lérida et Mequinenza n'étaient plus occupés par les français. Nous avons demandé au parlementaire d'envoyer un officier de la garnison à Lérida, accompagné de la troupe espagnole, pour recon-

naître la vérité, si les français avaient aban-
donné ces deux places, et de faire entrer
un officier espagnol jusqu'à ce que le nôtre
fût rentré.

Notre officier étant revenu, nous a dé-
claré que c'était la vérité. Nous avons refusé
de nous rendre prisonniers, et avons demandé de sortir avec armes et bagages et 40
cartouches dans chaque giberne, et d'em-
mener une pièce de canon chargée et mêche
allumée tout le long de la route jusqu'à l'armée française en Catalogne, avec un appro-
visionnement de 60 coups dont 30 à mitraille
et 30 à boulet.

L'ennemi a consenti à toutes nos deman-
des ; mais malheureusement, il a violé ensuite les lois de la guerre. Nous sommes
arrivés à Lérida aux conditions de la capi-
tulation. L'ennemi s'y trouvant en forces de
cinq mille hommes et plusieurs pièces de
canon, il nous a forcés de nous rendre prisonniers, et après nous avoir dévalisés, il
nous a conduits à Tarragone.

Pendant les quatre mois et demi que ce
siége a duré contre 3000 hommes de la troupe
de Mina, la perte de l'ennemi a été de 460
hommes mis hors de combat ; 90,000 fr. ont
été employés aux travaux de l'attaque.

De notre côté, nous n'avons eu que 10 hommes tant tués que blessés.

CERTIFICATS remis au sieur S^t·Jacques, *constatant la part qu'il a prise aux opérations défensives relatées ci-dessus.*

Nota. Le sieur St.-Jacques est dans ce moment-ci (février 1823) Garde du Génie de 2e classe, à Clermont-Ferrand, département du Puy-de-Dôme.

Ier CERTIFICAT.

Je soussigné, Chirurgien Aide-Major, chargé du service du fort de Monzon, certifie avoir donné mes soins à M. *St.-Jacques*, Garde du Génie, chargé des travaux, pour une blessure provenant d'un éclat d'obus qu'il reçut à la tête près le bord pariétal droit, le 16 décembre 1813, en travaillant aux mines.

J'atteste, en outre, que ledit *St.-Jacques* qui a reçu plusieurs autres contusions pendant le siége, est très-sujet à des céphalagies très-incommodes depuis cette dernière blessure.

Fait à Monzon, le 20 janvier 1814.

Le Chirurgien Aide-Major.
Signé : LACHAPELLE.

IIme CERTIFICAT.

Nous soussignés membres qui composaient le conseil militaire de la garnison du fort de Monzon, certifions à qui il appartiendra que M. *St.-Jacques,* Garde du Génie chargé des travaux du fort, et des magasins et distributions des vivres, a servi avec zèle, honneur et probité depuis qu'il est entré en exercice de ses fonctions ; que par son infatigable activité pendant le siége, il est parvenu à déjouer et même à détruire tous les travaux de l'ennemi : que quoique blessé à la tête, le 16 décembre, par un éclat d'obus, en s'emparant de quatre mines que l'ennemi dirigeait sous nos murs, il n'a pas cessé une minute la direction des travaux ; et que la longue défense du fort a été le fruit de son adresse dans la direction des travaux tant externes que souterrains.

Certifions en outre, que le 17 du mois de février, après la reddition du susdit fort de Monzon, l'ennemi lui a enlevé tous ses papiers et effets près de Lérida.

En foi de quoi, nous lui avons délivré le présent pour servir et valoir.

A Lérida, le 17 février 1814.

Signé : BLANGONNET, gendarme ; PIQUE , gendarme ; CHATENET, Maréchal-des-logis ; PROVINS, Lieutenant ; COUVETZ, Lieutenant, QUERQUY, Maréchal-des-logis ; MONCOQ, bri-gadier.

Vu par le Commandant du fort.

Signé J. M. BOUTAN, capitaine au 81e de ligne.

Légende du Plan, relative aux opérations militaires.

BATTERIES.

A 1ᵉ Batterie de l'assiégeant . . . { 1 Canon de 12.
1 Obus. de 6 p.

Cette Batterie a commencé à faire feu le 10 octobre.

B Seule et unique batterie de la place. { 2 Canons de 8.
1 Obus. de 6 p.

C 2ᵉ Batterie de l'assiégeant. . . . { 1 Canon de 16.
1 Canon de 12.
1 Obus. de 6 p.

Cette batterie a commencé à faire feu le 21 octobre.

TRAVAUX DE SAPES.

D. Tranchée débouchant de la communication du château au vieux fort pour faciliter l'établissement des contremines.

E. Tranchée défilée du Vieux fort pour donner à la garnison la facilité d'occuper le plateau qui est au pied des murs.

W. Boyaux de l'assiégeant débouchant des rues de la ville et traversant les ruines du couvent de la Trinité.

Y.Y.Y. Tranchée de l'assiégeant pour faciliter l'établissement de ses nouvelles attaques de mines.

GUERRE SOUTERRAINE.

a. Première mine de l'assiégeant . . 13 octobre.
b. Première contremine de l'assiégé. 16 octobre.
c. Seconde mine de l'assiégeant . . 26 octobre.

d. Troisième mine de l'assiégeant. ⎫
e. Seconde contremine de l'assiégé. ⎬ 2 novembre.
f. Quatrième mine de l'assiégeant . . ⎭

g. Troisième contremine de l'assiégé. 26 novembre.

h. ⎫
i. ⎬ Rameaux de l'assiégeant.
k. ⎭

l. Cinquième mine de l'assiégeant. ⎫
m. Sixième . . . *idem* . . . *id.* . . ⎬ 5 décembre.
n. Septième. . . *idem* . . . *id.* . . ⎭

o. Quatrième contremine de l'assiégé. 5 décembre.

p. Huitième mine de l'assiégeant. . . 9 décembre.

q. Cinquième contremine de l'assiégé. 9 décembre.

r. Rameau de l'assiégé. . . . . . . 9 décembre.

s. Rameau de l'assiégeant éventé le 15 décembre.

t. ⎫
u. ⎬ Rameaux de l'assiégeant pris le 16 décembre.
v. ⎭

x. Communication souterraine allant
de la cave du logement du Commandant aux travaux pris à l'assiégeant.

y. Neuvième mine de l'assiégeant

z. Sixième contremine de l'assiégé.
Respirail qui donnait dans la mine (p).

a. ⎫
b. ⎬ Pétards qu'a fait jouer l'assiégé le 12 janvier.
c. ⎭

d. Dixième mine de l'assiégeant . . 15 janvier.

e. Onzième mine de l'assiégeant . . 16 janvier.

f. Rameau de l'assiégé.

g. Fossé de l'avancée.

h. Douzième mine de l'assiégeant . 22 janvier.

i. Treizième mine de l'assiégeant. . 25 janvier.

l. l. l. Marche de la sortie du . . . .   2 février.

Explosions des Fourneaux de mines que
l'assiégé a fait jouer.

Nº 1. Fourneau qui a joué le. . .   29 octobre.

Nº 2. Autre fourneau qui a joué le .   25 octobre.

Nº 3. Autre fourneau qui a joué dans
les premiers jours de janvier.

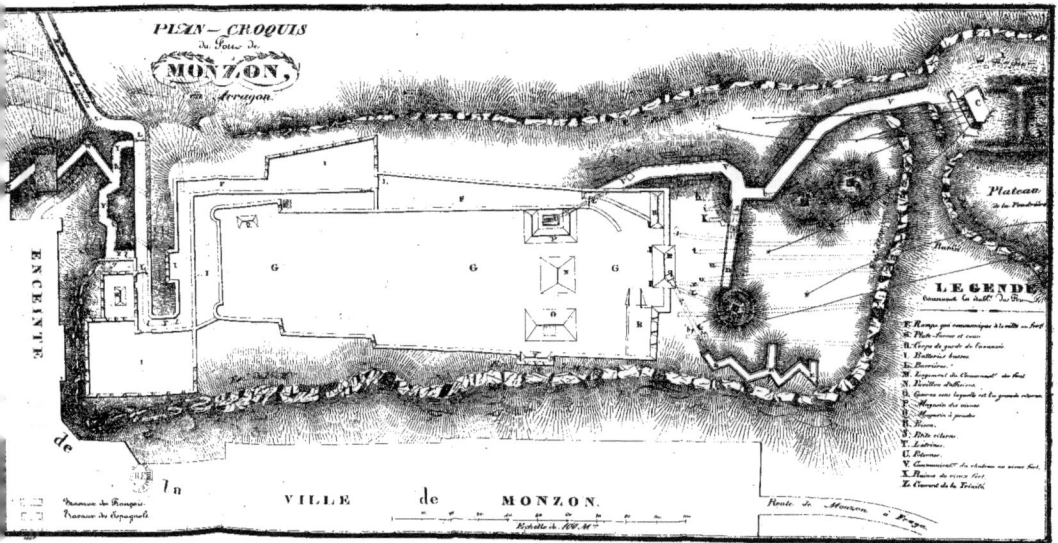

PLAN—CROQUIS
du Fort de
MONZON,
en Arragon.

ENCEINTE

de

la

VILLE de MONZON.

Route de Monzon à Fraga.

Travaux des Français.
Travaux des Espagnols.

Échelle de 100 M.

Plateau
de la Poudrière

LEGENDE
donnant les détails du Plan

F. Rampe qui communique à la ville au Fort
R. Plate-Forme et cour
H. Corps de garde de l'avancée
A. Batteries basses
L. Barrière
N. Logement du Chaumont du fort
N. Pavillon d'officiers
O. Caverne sous laquelle est la grande citerne
P. Magasin des vivres
Q. Magasin à poudre
R. Four
S. Boîte citerne
T. Latrines
U. Barme
V. Chemin couvert du château au vieux Fort
X. Ruines du vieux Fort
Z. Couvert de la Trinité

www.ingramcontent.com/pod-product-compliance
Lightning Source LLC
LaVergne TN
LVHW022037080426
835513LV00009B/1111